Juan José y Mariana

por Patricia Abello

ilustrado por Mike Dammer

Scott Foresman
is an imprint of

PEARSON

Glenview, Illinois • Boston, Massachusetts • Chandler, Arizona
Upper Saddle River, New Jersey

Every effort has been made to secure permission and provide appropriate credit for photographic material. The publisher deeply regrets any omission and pledges to correct errors called to its attention in subsequent editions.

Unless otherwise acknowledged, all photographs are the property of Pearson.

Photo locations denoted as follows: Top (T), Center (C), Bottom (B), Left (L), Right (R), Background (Bkgd)

Illustrations by Mike Dammer

Photograph 12 © Jim Craigmyle/Corbis

ISBN 13: 978-0-328-53346-6
ISBN 10:   0-328-53346-7

Copyright © by Pearson Education, Inc., or its affiliates. All rights reserved. Printed in the United States of America. This publication is protected by copyright, and permission should be obtained from the publisher prior to any prohibited reproduction, storage in a retrieval system, or transmission in any form or by any means, electronic, mechanical, photocopying, recording, or likewise. For information regarding permissions, write to Pearson Curriculum Rights & Permissions, One Lake Street, Upper Saddle River, New Jersey 07458.

Pearson® is a trademark, in the U.S. and/or other countries, of Pearson plc or its affiliates.

Scott Foresman® is a trademark, in the U.S. and/or other countries, of Pearson Education, Inc., or its affiliates.

2 3 4 5 6 7 8 9 10 V0N4 13 12 11 10

¡Hola! Me llamo Mariana. Mi hermanito se llama Juan José.

Juan José era muy tranquilo y juicioso cuando nació. Ahora parece un terremoto. ¡Ahí va!

Juan José ya sabe ponerse de pie. Pero se agarra de cualquier cosa. ¡Hasta de las cortinas!

—¡Cuidado, Juanjo! ¡Mami, ayúdame!

—Tú hacías lo mismo cuando eras pequeña —dijo mamá—. ¿Por qué no le enseñas a agarrarse del sofá?

Seguí el consejo de mamá. ¡Maravilloso! Juan José ya se agarra del sofá para pararse.

A Juan José le encanta comer en su silla. Pero hace un desorden espantoso.
Todo lo que le sirvo termina abajo, en el piso. ¡Ni siquiera se deja limpiar la cara!
—¡Mami, ayúdame!

—Tú hacías lo mismo cuando eras pequeña —dijo mamá—. ¿Por qué no le muestras cómo te limpias la cara?

Seguí el consejo de mamá. ¡Maravilloso! Juan José ya se deja limpiar la cara.

A Juan José le gustan los animales. Una vez le agarró la cola al perro del vecino. Otro día abrazó a nuestra gata Mimosa. ¡Pero la apretó mucho y casi la ahoga!
—¡Papá! —grité—. ¡Ayúdame!

—Tú hacías lo mismo cuando eras pequeña —dijo papá—. ¿Por qué no le muestras cómo se acaricia a un gato?

Seguí el consejo de papá. ¡Maravilloso! Juan José ya sabe acariciar a Mimosa. ¡Hasta el gato está contento!

Juan José necesita dormir. Pero lo único que hace es llorar en su cuna.

Yo también necesito dormir. ¡Pero Juan José no me deja! Ya sé lo que tengo que hacer. Esta vez no tengo que pedir ayuda.

Le cantaré una canción de cuna a Juan José. Eso hacían papá y mamá cuando yo era pequeña. Había una canción sobre una osa golosa que nunca fallaba.

¡Maravilloso! Juan José ya se durmió. Ahora yo también podré dormir.

De bebé a niño pequeño

Leamos juntos

Un bebé es maravilloso, pero necesita muchos cuidados. Los padres, otros familiares o una niñera tienen que cargarlo, darle de comer, bañarlo, vestirlo y protegerlo.

Cuando un bebé crece, comienza a caminar y hablar. Aunque ya puede hacer más cosas, todavía necesita que lo cuiden y atiendan. Irá aprendiendo más al imitar lo que hacen las personas que lo cuidan.

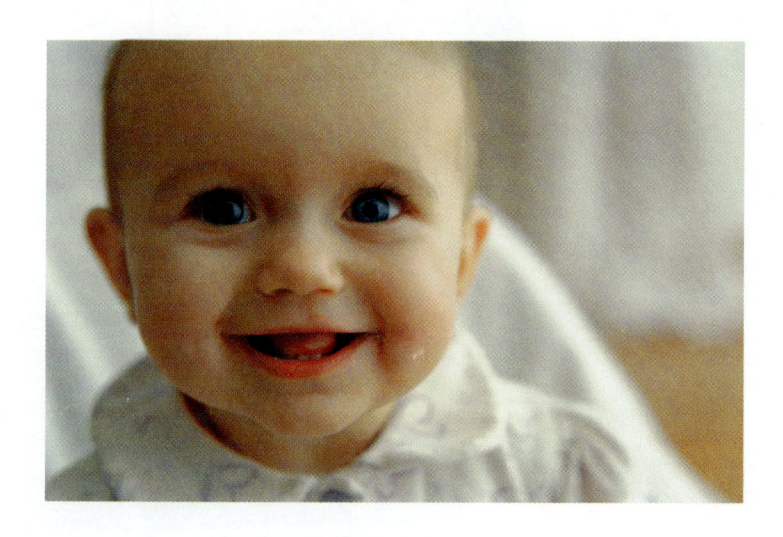